POLITIQUE COMMERCIALE

TRAITÉS DE COMMERCE

PAR

M. Henri GALOS

BORDEAUX

TYPOGRAPHIE DE P.-M. CADORET

12 — RUE DU TEMPLE — 12

1871

POLITIQUE COMMERCIALE

TRAITÉS DE COMMERCE

Le malheur instruit les peuples comme les indi-
vidus. Que d'illusions dissipées sous le coup des ter-
ribles événements qui viennent de bouleverser la
France! Que de faiblesse et d'infirmités nous décou-
vrons dans ce qui avait revètu à nos yeux l'aspect
de la force et de la santé! Notre organisation militaire, nos institutions financières, notre administration avec son rouage si savamment compliqué, mises
à l'épreuve, ont trompé la confiance du pays et
n'ont pu résister au choc d'une invasion étrangère.
Réfléchissons sur cette cruelle expérience, recueil-
lons-nous, sondons nos plaies d'une main ferme,
reconnaissons nos fautes et répudions des erre-
ments sur lesquels s'étayaient une grandeur déce-
vante et une prospérité artificielle.

C'est à ce travail patriotique que nous voulons concourir en appelant l'attention sur une question qui touche aux plus grands intérêts du pays.

En 1860, une école plus cosmopolite que nationale, plus théorique que pratique, pour appliquer les principes de la liberté commerciale, nous recommandait d'ouvrir nos frontières aux produits étrangers, en retour de l'admission de nos produits sur les marchés étrangers. C'était, nous disait-elle, le plus sûr moyen d'assurer à nos manufactures les matières premières et aux classes ouvrières les denrées alimentaires aux meilleures conditions : c'était aussi celui de stimuler notre industrie par l'effet salutaire de la concurrence. De là naîtraient entre les peuples des rapports d'une utilité réciproque; mis en contact, ils s'apprécieraient plus équitablement, se prêteraient une mutuelle assistance, et n'éprouvant désormais les uns à l'égard des autres qu'un généreux sentiment d'émulation, ils concourraient ensemble à l'œuvre commune de la civilisation. C'était la solidarité fraternelle liant entre elles les nations, l'amour de l'humanité substitué à la haine de race et le progrès pacifique remplaçant les violences de la conquête militaire. Ce rêve, hélas! n'a pas duré longtemps : il s'est évanoui au bruit du canon Krupp. Il ne pouvait en être autrement, car ce rêve était la conséquence de ce faux principe : Que les intérêts sont plus puissants sur les hommes que les passions.

A cette théorie fausse s'est ajouté bientôt un procédé de réalisation plus faux encore. Afin de donner plus de stabilité et de solidité à cette association des peuples, on a voulu la consacrer par le droit international. Des traités de commerce sont intervenus entre la France et les gouvernements étrangers pour convenir des conditions de leurs échanges. Ces traités ont une durée de dix années et fixent un tarif moyennant lequel s'opérera l'admission sur leur marché respectif des produits du sol et de l'industrie de chacune des parties contractantes. Pour établir ces conditions, chaque négociateur, on le pense bien, a dû se placer au point de vue de ses intérêts nationaux et s'est efforcé d'obtenir pour eux le régime le plus favorable.

Les traités forment donc un lien de droit entre les rapports commerciaux, leur donnent de la consistance, les saisissent et les arrêtent tels qu'ils sont au moment où ces actes diplomatiques sont signés. Ils eurent un grand succès en France dès qu'ils y furent introduits. Nous en comptons à l'heure actuelle plus de vingt-six.

L'échange est la loi naturelle des nations. Cette loi est imposée par la constitution économique, les conditions climatériques et géographiques, les aptitudes et le génie national qui distinguent les peuples entre eux. Les uns, essentiellement agricoles, retirent de la terre un excédant de richesses qu'ils ont intérêt à répartir entre d'autres peuples moins bien partagés qu'eux à cet égard; les autres, adonnés par vocation au travail industriel, produisent non-seulement de quoi satisfaire à leurs besoins, mais aussi un surplus qu'ils peuvent fournir aux pays étrangers. Enfin, d'autres nations se constituent par le commerce et la navigation, les intermédiaires de celles dont la mission essentielle est de produire; elles facilitent leurs échanges et mettent à leur portée ce qui est nécessaire à leur subsistance ou à leur travail. Ce serait donc méconnaître une loi providentielle que de contrarier ces vocations et d'entraver ces rapports. Le devoir de l'homme d'État est, au contraire, de les favoriser et de les multiplier en faisant comprendre aux peuples, par la liberté commerciale, qu'ils n'ont qu'à gagner à s'entr'aider mutuellement. Mais est-ce par des traités qu'il faut pratiquer cette règle de conduite? Nous ne le pensons pas, car, loin de la servir, ils la compromettent.

Gouverner, c'est prévoir, diriger, protéger les intérêts généraux, si l'on comprend cette fonction dans son sens le plus large. Quand on signe un traité de commerce, que fait-on? On abdique pour un temps déterminé la fonction de gouverner, puisqu'on prend vis-à-vis d'une puissance étrangère l'engagement, pendant ce même laps de temps, de ne pas toucher aux matières qui font-l'objet de la convention. Que leur situation change par l'effet du travail, par le cours naturel des choses, par suite d'inventions ou de perfectionnements, ou sous l'influence de circonstances imprévues; qu'elles perdent ou gagnent de leur importance dans les éléments qui composent la fortune publique, leur régime ne peut se modifier : il reste immuable alors qu'elles sont livrées à d'incessantes variations. Il a été décidé, une fois pour toutes, à leur sujet : elles prospèrent, périclitent ou végètent sans que l'action du gouvernement puisse s'exercer sur elles. Quand le négociateur a stipulé pour elles, il les a clouées au présent et a renoncé à prévoir pour elles les besoins du lendemain. Ce n'est pas seulement l'appréciation si nécessaire au jour le jour de l'industrie du commerce et de l'agriculture de son pays qu'un gouvernement abandonne quand il signe un traité de commerce, c'est aussi l'appréciation des changements qui s'opéreront dans le pays avec lequel il traite. Cependant c'est une comparaison qui a été l'instrument de cet arrangement, et c'est une compensation, ou plutôt une balance d'avantages qui en est le but. On admet certains produits à des taxes très-modérées afin de s'assurer l'exportation équivalente d'autres produits vers un marché très-étendu qui leur présente des prix largement rémunérateurs. Or, voilà que ce marché ne reste pas ce qu'il était au moment de la convention ; il se restreint par la diminution de la consommation, par l'arrivée de produits similaires d'une autre provenance, il n'offre plus le débouché sur lequel on avait compté : le désappointement est grand, d'autant plus grand qu'on n'en est pas moins tenu d'observer la clause correspondante au moyen de laquelle on croyait s'être assuré cet avantage.

L'économie politique est une science d'expérimentation. Les faits ont entre eux une corrélation et agissent les uns sur les autres ; il faut les étudier séparément et d'ensemble si l'on ne veut pas livrer la fortune publique au hasard d'un aveugle empirisme. Le législateur doit donc être toujours prêt à adapter la loi aux événements, s'il veut prévenir les désordres, rectifier les courants dangereux et tirer avantage des chances heureuses qui naissent des circonstances.

Une législation douanière n'a pas pour but de protéger un intérêt agricole ou manufacturier ; sa mission est plus haute. Elle est chargée d'aviver toutes les sources de la richesse publique, de tenir dans une sorte de température normale et régulière le travail national, qu'il s'applique à la culture ou à la fabrication ; d'équilibrer leurs forces selon leur rang d'utilité et leur importance ; enfin elle est chargée, au moyen des recettes qu'elle procure, d'alimenter le Trésor public, pourvoyeur lui-même de tous les services de l'État. Si les traités sont nombreux, cette œuvre ne peut s'accomplir ; quelque besoin qui se manifeste, la loi est impuissante, puisqu'elle est entravée, paralysée par l'obligation internationale. Qu'à la suite de graves événements, de perturbations sociales on reconnaisse la nécessité de remanier le système financier ; qu'on veuille alléger l'impôt foncier et surcharger l'impôt indirect, on ne pourra pas le faire, car on a les mains prises dans celles de l'étranger : le terrain manque pour cette réforme ; il a été en quelque sorte cédé à bail et l'on ne peut plus en disposer. Qu'un accident d'un effet temporaire fasse naître d'urgence la nécessité d'une dépense extraordinaire, pour y pourvoir, le gouvernement n'a pas la faculté d'opter entre l'impôt et l'emprunt ; quoi qu'il pense, quoi qu'il veuille, il est obligé de se procurer de l'argent par ce dernier moyen, injuste pourtant quelquefois,

car il peut avoir pour effet de mettre à la charge
des générations futures une dépense dont elles ne ti-
reront aucun profit. On a vu, à l'occasion de la
guerre de Crimée, l'Angleterre pourvoir aux dépenses
de ses armements au moyen de l'impôt, et la France,
pour les mêmes besoins, recourir au crédit. De ces
deux systèmes quel était le meilleur, le plus équi-
table? On a longuement discuté à ce sujet; nous nous
bornons à dire qu'aujourd'hui, enchaînés par nos
traités, en pareille occurrence, nous n'aurions pas
même la possibilité de délibérer, puisque nous avons
aliéné la disponibilité de nos tarifs.

Qu'on ne dise pas que nous exagérons en donnant
une trop grande portée à notre raisonnement.
Nous savons que nos traités, passés pour la plupart
avec des états européens, ne stipulant que pour les
produits du sol et de l'industrie indigènes des parties contractantes, laissent en dehors de la convention les denrées et les produits exotiques, qui restent
ainsi soumis au tarif général. Un grand nombre
d'articles, surtout de matières premières, objets
d'un grand commerce, paraissent donc demeurer à
la libre disposition du législateur. Mais cette liberté
est plus apparente que réelle. En effet, ces matières
premières et ces produits exotiques, au moyen des
surtaxes d'entrepôt, sont pris de seconde main par

le tarif conventionnel. Que font ces surtaxes? Elles ouvrent un chemin détourné à ces produits exotiques qui viennent de leur lieu d'origine s'entreposer dans un port européen et y attendre une occasion favorable de se présenter sur le marché de consommation. Si la surtaxe est élevée, rien n'arrive par cette voie et c'est comme si elle n'existait pas ; si elle est modérée ou insuffisante, elle ouvre une porte plus ou moins large à l'importation indirecte, au détriment de la navigation et du commerce grandement intéressés à l'importation directe. La corrélation entre le tarif général et les surtaxes d'entrepôt est telle, que si on augmente les taxes du premier on diminue d'autant l'écart sur lequel ont été mesurées les surtaxes dans le tarif conventionnel. Supposons qu'on veuille aujourd'hui, pour se créer des ressources, rétablir les droits sur les matières premières et les denrées qui en sont exemptes dans le tarif général, ne sera-t-on pas empêché si cette mesure, en réduisant la proportionnalité de la surtaxe, doit lever l'écluse aux importations indirectes et ravir à notre marine et à notre commerce l'élément principal de leur activité sans procurer des recettes plus fructueuses au Trésor?

Ce ne sont pas les seuls torts que nous ayons à

reprocher aux traités de commerce ; ils ont encore celui d'enlever au gouvernement l'exercice de sa vertu par excellence : la prévoyance. Ils n'admettent pas l'éventualité d'une guerre, et cependant cet événement si grave dans la vie des nations a des chances de se produire dans une période de dix ans ! Il est vrai que si la guerre éclate, la convention entre les belligérants est déchirée, mais les traités avec les neutres n'en subsistent pas moins. Et croit-on que cette lacune dans l'ensemble de nos relations extérieures soit indifférente? Ne modifie-t-elle pas les rapports des belligérants avec les pays qui ne prennent pas part à la guerre? A la paix on s'est engagé à admettre en concurrence avec l'industrie nationale certains produits, parce que la nation contre laquelle on lutte aujourd'hui envoyait des matières premières ou des objets ayant reçu un degré de préparation plus ou moins avancé qui rendaient cette concurrence ncn-seulement inoffensive mais utile : cette combinaison, sur laquelle s'étayaient plusieurs traités, cesse d'exister par le fait même de la guerre, et toutefois on n'en est pas moins tenu d'observer ces traités dont les clauses deviennent uniquement onéreuses. Et quand la guerre est terminée, la nation qui a passé par cette terrible épreuve et dont les capitaux ont été absorbés par les armements et les approvisionnements militaires, l'agriculture épuisée par des réquisitions de toute sorte, l'industrie ruinée par la désertion des ouvriers transformés en soldats, le système économique bouleversé par le passage d'un si horrible fléau, cette nation n'en sera pas moins contrainte, enchaînée qu'elle est par le droit international, d'exécuter ces traités consentis à une époque de prospérité et rattachés par leur date à un ordre de faits complètement anéanti.

Ce n'est pas tout : cette nation a fait des emprunts, elle a épuisé toutes les sources de son revenu, n'a obtenu la paix qu'en s'engageant à payer au vainqueur des indemnités de guerre considérables, et de ce paiement dépend la libération complète de son territoire. C'est le cas pour elle de rechercher de nouvelles recettes et d'exiger des anciennes un surcroît de produit. Elle songera tout naturellement aux contributions indirectes, aux droits de douane ; elle voudra les remanier, rétablir des taxes abolies à une époque plus heureuse et relever celles qui sont susceptibles de donner de plus fortes recettes. Mais ce travail, quelque bon vouloir qu'elle y mette, n'est-il pas condamné d'avance à la stérilité ou à des résultats insignifiants restreint qu'il est fatalement par les limites que lui posent les conventions ?

Comme si ce lit de Procuste n'était pas assez étroit, on insère dans ces actes diplomatiques une clause par laquelle les parties s'assurent réciproquement le traitement de la nation la plus favorisée. Cette clause, depuis 1712 (1), est comme stéréotypée dans les traités : les négociateurs ne la discutent plus ; elle est pour eux la formule d'un protocole absolument de mise en pareille circonstance. Elle n'en a pas, cependant, l'innocuité, car, invoquée en certains cas, elle embarrasse les gouvernements qui n'ont cru la signer que par simple courtoisie.

Ainsi plus de préférence possible dans les rapports internationaux, plus d'aide à donner à un peuple voisin dont la prospérité est liée à la vôtre, car ce que vous feriez pour lui profiterait à un état puissant dont la rivalité industrielle et l'ambition politique vous suscitent de justes ombrages. Que de fois l'industrie, le commerce et même la politique ont réclamé du gouvernement une mesure jugée par lui juste et nécessaire, et qu'il n'a pu exécuter, empêché qu'il était par cette clause du traitement de la nation la plus favorisée ! Cette clause funeste qui va jusqu'à nous interdire nos prédilections et nos alliances, ne

---

(1) A la demande du gouvernement anglais cette clause fut insérée pour la première fois dans le traité d'Utrecht.

la lisons-nous pas dans le traité de paix définitif qui vient d'être signé à Francfort entre la France et l'Allemagne? Elle est tellement sacramentelle pour les chancelleries, que nos plénipotentiaires n'ont pu épargner à notre malheureux pays l'humiliation de la consacrer une fois de plus au bénéfice de nos ennemis victorieux.

Ici se présente une question de principe qui touche au droit constitutionnel.

Que les contributions soient indirectes, elles n'en sont pas moins un impôt comme les contributions directes. Une taxe qui se prélève sur le travail, sur la consommation, sur le produit d'une usine, sauf le mode de perception, est une charge comme la taxe dont sont grevées les propriétés foncières. Cela est incontestable. C'est, dans l'un comme dans l'autre cas, le Trésor public qui demande aux citoyens une part de leur revenu et de ce qu'ils possèdent pour les besoins de la société. A quelle condition ces taxes sont-elles légitimes et légales? Quand elles ont été consenties au nom des contribuables par les représentants du pays. Mais comme la matière imposable et les nécessités de l'État sont variables, il faut que le consentement puisse également varier ; aussi est-il donné annuellement. Il ne viendrait à l'esprit de personne chez un peuple où les notions constitution-

nelles sont un peu répandues, de demander à étendre
à cinq et dix ans la valeur législative du vote du
budget des recettes. C'est cependant à cette énor-
mité qu'on aboutit lorsqu'on s'engage par une convention à ne pas changer pendant sa durée la tarifi-
cation des articles qui y sont mentionnés! Tous les
services publics sont annuellement l'objet de deux
examens : d'abord de celui du gouvernement qui
demande pour eux les allocations en rapport avec les
besoins présents, puis de celui de l'assemblée qui
apprécie en dernier ressort si ces allocations sont
justifiées et ne dépassent pas les ressources du pays.
Ce travail est fait pour la justice, l'instruction publique, l'administration proprement dite, la marine
et la guerre, mais on se l'est interdit par le fait des
traités, au moins en grande partie, pour le commerce, l'industrie et l'agriculture. A diverses épo-
ques on a voulu conférer au chef de l'État, au
moyen d'une délégation législative, la faculté de faire
par ordonnance des tarifs de douane, mais à l'appli-
cation on s'est bien vite aperçu que cette concession
était dangereuse et anti-constitutionnelle. De même
on a dénoncé comme pris sur le domaine législatif le
pouvoir qu'avait l'Empereur, sous le dernier régime,
de négocier seul les traités de commerce. La re-
vendication à ce sujet a été tellement énergique que

le gouvernement personnel, si jaloux de ses préroga-
tives, a fini par céder. C'est qu'en effet, les droits de
douane comme tous les impôts appartiennent à la
loi. Ce que la loi a fait, une loi seule peut le modifier et même le défaire, tandis que ce qu'a fait un
traité reste immuable jusqu'à l'échéance de ce traité.
Chose curieuse! Ainsi une assemblée qui ne veut
pas se dessaisir en faveur de son propre gouvernement de la moindre portion de son pouvoir législatif, qui ne s'engage vis-à-vis de lui lorsqu'il s'agit
de doter les services publics que pour un an, cette
même assemblée se dépouille de ses scrupules cons-
titutionnels envers une puissance étrangère, immo-
bilise pour elle sa législation douanière et s'interdit
d'y rien changer quand même les plus grands intérêts du pays le lui commanderaient impérieusement !
Telle est la conséquence extrême mais vraie de la
politique des traités de commerce.

Cette opinion ne nous est pas personnelle : c'est
celle des esprits sincèrement libéraux qui se sont
occupés de la matière (1). Le traité de 1860 entre la
France et l'Angleterre, malgré la légitime autorité

---

(1) C'était celle notamment du docteur Bowring et de sir Wil-
lers (depuis lord Clarendon), quand ils vinrent en 1832 répandre
en France les idées favorables à la liberté commerciale.

dont jouissaient les négociateurs anglais, fut vivement attaqué par les membres du Parlement les plus dévoués à la liberté commerciale. Ils reprochaient au cabinet britannique de s'être lié par une convention vis-à-vis de la France. MM. Gladstone et Cobden, sans répudier les principes qu'on invoquait contre leur acte, plaidèrent les circonstances atténuantes en expliquant que s'ils n'avaient pas traité avec l'Empereur, alors tout puissant, l'Angleterre aurait vainement attendu du Corps législatif français un abaissement de tarif favorable aux relations commerciales des deux peuples.

Deux grandes nations qui tirent un utile enseignement des expériences faites par leurs aînées en civilisation : la Russie et les États-Unis se sont bien gardées d'adopter cette politique commerciale. La Russie a procédé, il y a deux ans, au remaniement de sa législation douanière. Elle n'a pas demandé qu'on lui accordât par convention telle réduction de taxe sur ses produits en échange d'un abaissement parallèle qu'elle opérerait sur une partie de son tarif. Elle s'est bornée à se faire bien renseigner par ses agents. Elle les a chargés de s'informer, par de simples ouvertures officieuses et de l'informer ensuite de l'intérêt qu'avaient dans la réforme projetée les gouvernements auprès desquels ils étaient accrédités,

et de lui dire si l'admission plus facile de quelques-
uns de leurs produits aurait pour effet probable
l'introduction sur leurs marchés d'une plus
grande quantité des produits russes. Dans ce mode
d'échange tout est volontaire et on agit d'autant
plus libéralement de part et d'autre, que si on se
trompe, si les suites de la mesure ne répondent pas
aux espérances conçues, on peut revenir sur ce
qu'on a fait, le modifier ou le changer tout à fait,
car des deux côtés on a conservé sa liberté d'action.
Dans cette manière de procéder, le bon vouloir réciproque ne peut faire défaut; il est garanti par cet
axiome d'économie politique : Qu'un état s'enrichit
en payant les produits importés chez lui par des
produits et s'appauvrit s'il les paie par une exportation de numéraire.

Les États-Unis refusent aussi de se lier par des
traités de commerce. Il est vrai qu'on récuse cet
exemple en disant que les États-Unis sont restés fidèles
au système protecteur. Nous croyons que les vues
qui dirigent la politique commerciale de la grande
République américaine sont plus élevés. Sa popula-
tion, d'origine anglo-saxonne, a toutes les ambitions.
Après avoir étendu son empire d'un Océan à l'autre,
fertilisé et peuplé des territoires placés sous toutes
les latitudes, après avoir réuni en confédération des

populations d'aptitudes aussi diverses que sont diffé-
rents les milieux où elles vivent et travaillent, la
République américaine aspire à devenir une nation
de premier ordre en industrie comme elle l'est déjà
en commerce et en agriculture. C'est à acquérir ce
titre qu'elle applique son génie opiniâtre ; c'est ce
but qu'elle poursuit, quand, pour réserver un libre
champ au développement de son industrie dans les
états du Nord, elle frappe de droits élevés les produits étrangers, au risque d'entraver l'exportation
des produits agricoles de ses états du Sud.

Ce plan a sa grandeur, et pour le réaliser les
États-Unis ont bravé la guerre de la sécession.
Réussiront-ils ? Nous ne nous hasarderons pas à le
dire. Nous nous bornons à constater que l'entreprise
d'un si vaste dessein n'est possible qu'à un gouvernement qui a conservé toute sa liberté d'action.

Une objection est faite. On nous dit : Si des conventions n'existaient pas, la législation commerciale,
livrée à de perpétuelles réformes, n'offrirait plus
assez de stabilité aux intérêts commerciaux et indus-
triels pour leur inspirer la confiance nécessaire aux
opérations à longue échéance. Craindre cette insta-
bilité, c'est supposer que le gouvernement appar-
tiendra à des influences personnelles ; c'est nier les
garanties libérales du *self governement*, c'est ne

pas compter sur l'influence de l'opinion publique. Dans un pays où les institutions donnent libre carrière aux discussions de la presse et de la tribune, où le contrôle s'exerce à tous les degrés par la publicité et le droit de réunion, ces témérités tracassières ne sont pas possibles. Ce qui s'est passé sous la Restauration et le gouvernement du roi Louis-Philippe nous en donne l'assurance. De 1814 à 1830, deux grandes lois de douane furent votées par les Chambres : l'une en 1821 et l'autre en 1827. De 1830 à 1848, si l'on excepte la législation spéciale des sucres qui fut plusieurs fois remaniée, les assemblées ne furent saisies que de deux propositions relatives au tarif général, et encore la dernière, celle de 1847, est restée à l'état de projet.

Cette discussion, arrivée à son terme, nous autorise à formuler les vœux suivants comme conclusion :

1º Que le gouvernement renonce désormais à se lier par des traités de commerce;

2º Qu'après une entente préalable avec les puissances signataires pour ménager de part et d'autre les intérêts engagés, il notifie la cessation des traités échus et celle des autres traités au fur et à mesure qu'ils arriveront à leur terme;

3º Que dès à présent il entre en négociation avec les gouvernements vis-à-vis desquels de pareilles conventions nous lient pour obtenir d'eux leur résiliation anticipée ;

4° Que la politique commerciale de la France soit subordonnée exclusivement à un tarif général basé sur les principes les plus libéraux, de manière à ce que le gouvernement puisse toujours l'adapter aux circonstances et la modifier selon les besoins du pays.

Nous soumettons très-humblement ces vœux à l'appréciation du Gouvernement et de l'Assemblée nationale.

Bordeaux , le 27 mai 1871.

* 9 7 8 2 0 1 1 7 4 4 9 7 5 *